AF360997

SYSTÈME MOBILE DE COUPE

Breveté en France et à l'Étranger

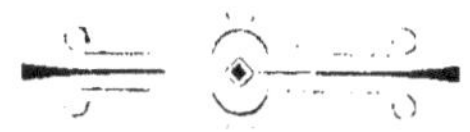

INVENTÉ PAR M. ADOLPHE SAYON

Ancien Maître Tailleur à Lille

LILLE,
IMPRIMERIE L. DANEL.

—

1903.

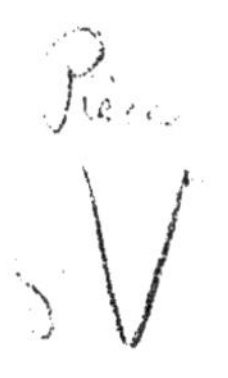

RÉCOMPENSES

<table>
<tr><td>EXPOSITION DE PARIS 1900</td><td>EXPOSITION DE LILLE 1902</td></tr>
<tr><td>MÉDAILLE D'OR</td><td>HORS CONCOURS</td></tr>
<tr><td>Diplôme d'Honneur</td><td>MEMBRE DU JURY</td></tr>
<tr><td>FÉLICITATIONS DU JURY</td><td></td></tr>
</table>

PARIS — 11 FÉVRIER 1903 — PARIS

DIPLOME décerné à M. Adolphe SAYON

PAR LA SOCIÉTÉ PHILANTHROPIQUE DES MAITRES TAILLEURS
DE PARIS

pour ses Patrons Mobiles et son Système de Coupe

BREVET DE CAPACITÉ

DÉCERNÉ A L'UNANIMITÉ PAR LA COMMISSION

DE LA

SOCIÉTÉ PHILANTHROPIQUE DES MAITRES TAILLEURS

DE PARIS

SYSTÈME MOBILE DE COUPE

Breveté en France et à l'Étranger

Inventé par M. Adolphe SAYON

Ancien Maître Tailleur à LILLE

AVANT-PROPOS.

Voyant les progrès obtenus depuis de nombreuses années, dans toutes les corporations, au point de vue de l'outillage, je me suis demandé s'il n'était pas possible d'avoir le nôtre afin de faciliter le travail en évitant tout calcul et toute perte de temps, ce qui abrégerait beaucoup notre besogne.

M'étant mis à l'œuvre, il y a une dizaine d'années, je reconnus d'abord la chose comme très difficile pour obtenir un résultat digne d'être approuvé par notre corporation.

Plusieurs tentatives avaient déjà été faites par divers inventeurs ; elles ne réussirent guère, les différents systèmes présentés laissaient trop à désirer par leur application et ce qu'il fallait c'était un système définitif, sachant notre corporation très méticuleuse et un peu réfractaire à l'outillage, croyant, à tort, la chose impossible à cause des difficultés du métier.

Malgré cela j'ai persévéré dans mon idée et j'ai travaillé sans relâche pendant de longues années, la tâche étant ardue et difficile.

J'ai toujours perfectionné, voulant arriver au but que je voulais atteindre, et finalement je suis parvenu à établir un système mobile définitif, simple et pratique qui rendra, j'en suis certain, de grands services à la corporation.

La notice qui sera délivrée avec l'appareil explique en quelques lignes la manière de le mettre aux mesures et conformation du client.

Les coupeurs pratiquant différentes coupes pourront se servir de mon système mécanique qui se prête à toutes les variations nécessaires à chaque genre de coupe pour le tracé du corsage, du veston et du pardessus d'homme.

Il fait les conformations normale, voûtée et renversée, épaule haute emmanchure haute ou basse, élargit la ceinture pour le ventru, et allonge ou raccourcit la taille au veston.

APPAREIL N° 1 pour le corsage, faisant les mesures du 40 de poitrine au 60.

APPAREIL N° 2 pour le veston et pardessus, faisant les mesures du 40 de poitrine au 60.

APPAREIL N° 3 pour la manche faisant les mesures du 40 au 60.

APPAREIL N° 4 pour la jupe faisant les mesures du 40 au 60.

Les appareils du corsage, de la manche et de la jupe faits en aluminium coûtent **100 francs**.

Les appareils du veston, du pardessus et de la manche coûtent **90 fr.**

NOTA. — *Dans un but de publicité la* MÉTHODE DE COUPE SAYON, *traitant le tracé du corsage, du veston et pardessus, est mise en vente au prix de* **3 francs**.

Pour recevoir franco, en faire la demande en envoyant le montant en mandat-poste.

Pour les demandes et renseignements, prière de s'adresser à M. Adolphe SAYON, Inventeur breveté du système Mobile de coupe, au **Petit-Ronchin-lez-Lille** (Nord).

PRISE DES MESURES

1re MESURE. — *Longueur de taille.* — Placer le centimètre de la nuque à la taille.

2e MESURE. — *Grosseur de poitrine.* — Placer le centimètre sous les bras le plus haut possible et sans trop serrer, joindre le centimètre au milieu de la poitrine.

3e MESURE. — *Grosseur de ceinture.* — Placer le centimètre au-dessus des hanches à la partie la plus creuse de la taille.

4e MESURE. — *Carrure.* — Placer le centimètre d'une emmanchure à l'autre en ayant soin de l'appliquer au creux qui sépare le bras de de l'omoplate.

5e MESURE. — *Largeur de poitrine.* — Placer le centimètre du creux d'une emmanchure à l'autre en passant sur la partie la plus bombée de la poitrine et diviser cette mesure en deux.

6e MESURE. — *Profondeur d'emmanchure.* — Placer une règle en dessous du bras du client, le plus haut possible, et tracer un point au niveau de la règle ce qui nous indiquera le point de profondeur d'emmanchure. Cela fait, placer le centimètre à la nuque, mesurer la partie d'encolure du dos suivant la grosseur, puis descendre le centimètre sur la partie la plus forte de la poitrine jusqu'au point indiquant la profondeur d'emmanchure.

7e MESURE. — *Hauteur d'épaule.* — De la nuque, diriger le centimètre vers la taille et faire un point à 40 centimètres.

Placer le centimètre à partir du point de profondeur d'emmanchure, le diriger sur la partie la plus haute de l'épaule et descendre jusqu'au point marqué à 40 centimètres de la nuque, vous obtiendrez la hauteur d'épaule.

Point d'aplomb. — Avant de prendre cette mesure, s'assurer si le gilet est bien à sa place et serrer la boucle pour amincir la taille, puis opérer de la manière suivante : Faire un point à 2 centimètres au-dessus de la hanche, un autre point à 24 centimètres, ce qui est la moitié de la demi-grosseur de poitrine du 48.

Ce point se fixera toujours pour toutes les grosseurs en prenant la moitié de la demi-grosseur de poitrine.

De la main droite porter le centimètre à la nuque et de la main gauche conduire le centimètre au point 24, en passant sur la partie la plus forte du dos.

Sans quitter le centimètre de la main droite, mesurer avec la main gauche la partie d'encolure du dos, suivant la grosseur, descendre le centimètre sur la poitrine et aller rejoindre le point 24, cette mesure vous indiquera la tenue du client.

Si les mesures sont égales la tenue est normale.

Si la mesure partant de l'encolure et passant sur la poitrine se trouve plus longue la tenue sera renversée et vous indiquera le degré de renversé ; si elle se trouve plus courte la tenue sera voûtée.

LE CORSAGE

L'appareil se compose de 3 pièces : le dos, le petit côté et le devant.

Il représente avant son agrandissement le corsage du 40 normal, coutures comprises.

Mesures prises sur le gilet :

Demi-grosseur de poitrine	40
Demi-grosseur de ceinture	36
Demi-largeur de carrure	15,6
Demi-largeur de poitrine	17
Longueur de taille	46
Profondeur d'emmanchure	26,5
Hauteur d'épaule	53,5

L'appareil nous donnant les modèles avec coutures comprises, nous obtiendrons chaque fois, 6 centimètres en plus à la grosseur de poitrine, ainsi qu'à celle de ceinture, ce qui nous donnera 3 centimètres pour les coutures et 3 pour l'aisance à la poitrine.

A la ceinture 3 centimètres pour les coutures, le reste pour le sucon et l'aisance.

La carrure et la poitrine auront 1 centimètre en plus que la mesure prise.

La profondeur d'emmanchure et la hauteur d'épaule auront 1 centimètre en plus.

Le modéle aura donc :

Demi-grosseur de poitrine...................... 46
Demi-grosseur de ceinture..................... 42
Demi-largeur de carrure...... 16,6
Demi-largeur de poitrine 18
Longueur de taille........................... 46
Profondeur d'emmanchure................. 27,5
Hauteur d'épaule............................. 54,5

Manière d'obtenir l'agrandissement de ces Patrons

Dos. — Pour obtenir l'agrandissement du dos il suffit de desserrer légèrement les boutons A et B et du bouton C qui est l'onglet, faire l'élargissement puis resserrer les boutons.

L'élargissement de l'encolure s'obtient en même temps que celui de la carrure.

Pour obtenir le voûté desserrer le bouton D.

Les mesures sont indiquées par graduations du 40 au 60 de demi-grosseur de poitrine.

Chaque graduation donne 2 centimètres d'augmentation à la poitrine.

Les points marqués entre chaque graduation indiquent les grosseurs impaires.

Petit côté. — Desserrer les boutons E et F et du bouton G qui est l'onglet, faire l'élargissement du petit côté.

Desserrer le bouton G pour remonter ou baisser la pièce H.

Desserrer le bouton I pour remonter ou baisser la pièce J.

Desserrer le bouton L qui est l'onglet pour rentrer ou sortir la partie du sucon d'omoplate selon le degré de renversé ou de voûté.

Desserrer le bouton M qui est l'onglet pour approfondir ou rehausser la partie d'emmanchure.

Devant. — Pour obtenir l'agrandissement du devant, opérer de la manière suivante :

Élargissement de la poitrine et de l'encolure. — Desserrer les boutons N et O et se servir de l'onglet P pour entraîner la pièce d'élargissement qui est graduée du 40 au 60, s'assurer que la partie d'encolure est bien à la mesure du devant, puis resserrer les 2 boutons.

Partie d'emmanchure. — Desserrer les boutons Q et R et se servir du bouton S qui est l'onglet pour obtenir l'élargissement de côté qui est gradué du 40 au 60. Puis desserrer le bouton T qui est l'onglet pour agrandir l'emmanchure en découvrant les mesures indiquées par graduations du 40 au 60.

Épaule. — Pour obtenir le rehaussement d'épaule desserrer le bouton U qui sert d'onglet, puis sortir la patte intérieure qui est graduée de 3 centimètres.

Pour rétrécir ou élargir la poitrine selon le degré de voûté ou de renversé, desserrer le bouton V qui est l'onglet puis rentrer ou sortir la patte intérieure qui est graduée.

Supplément de largeur de ceinture.— Desserrer le bouton W puis sortir la patte au moyen de l'onglet pour obtenir l'élargissement de la ceinture.

Desserrer le bouton Y et se servir de l'onglet qui se trouve dans le bas du devant, pour obtenir l'allongement de la taille.

Maintenant que nous avons expliqué les mouvements que nous pouvons obtenir de l'appareil, nous allons démontrer la manière d'opérer pour le corsage normal.

CORSAGE DU 50 NORMAL

Mesures prises sur le gilet :

Demi-grosseur de poitrine	50
Demi-grosseur de ceinture	46
Longueur de taille	46
Demi-largeur de carrure	19.3
Demi-largeur de poitrine	21
Profondeur d'emmanchure	31.5
Hauteur d'épaule	58.5

MANIÈRE D'OPÉRER

Agrandissement du dos. — Desserrer les boutons A et B et du bouton C qui est l'onglet, élargir le dos jusqu'à la graduation 50, s'assurer si le bas est bien à sa place les mesures étant indiquées par des pointillés, puis resserrer les boutons A et B.

Voici pour le dos du 50 normal.

Petit côté.— Desserrer les boutons E et F et du bouton G qui est l'onglet, élargir cette partie jusqu'à la graduation 50, puis resserrer les boutons.

Desserrer le bouton G pour remonter la pièce H jusqu'à la graduation du 50 indiquée sur cette pièce.

Cette pièce H devra se raccourcir ou s'allonger suivant l'augmentation ou la diminution de la grosseur de poitrine.

Desserrer le bouton I pour remonter ou descendre la pièce J.

Le petit côté est terminé pour le 50 normal.

Devant. — Desserrer les boutons N et O et de l'onglet P, élargir le devant jusqu'à la graduation 50, vérifier si la pièce d'encolure est bien au chiffre 50 puis resserrer les boutons.

Desserrer les boutons Q et R et du bouton S, qui est l'onglet, élargir le côté jusqu'à la graduation 50 puis resserrer les boutons.

Desserrer le bouton T qui sert d'onglet, puis baisser l'emmanchure jusqu'au 50 et resserrer le bouton.

Le devant se trouve terminé, il ne nous reste plus qu'à tracer autour du patron pour obtenir le 50 normal.

Nous devrons opérer de cette manière pour toutes les grosseurs normales que nous donne l'appareil.

Manière d'obtenir le voûté et le renversé

Mon système fait le voûté et le renversé de 1, 2 et 3 centimètres.

TRACÉ DU CORSAGE DU 46 DE POITRINE

Tenue renversée de 3 centimètres

Mesures prises sur le gilet :

Demi-grosseur de poitrine............................	46
Demi-grosseur de ceinture............................	42
Longueur de taille	46
Largeur de carrure.................................	17,1
Largeur de poitrine................................	20,3

Mesures de l'appareil :

Demi-grosseur de poitrine............................	52
Demi-grosseur de ceinture............................	48
Longueur de taille.................................	46
Largeur de carrure.................................	18,1
Largeur de poitrine................................	21,3

Dos. — Mettre le dos à la mesure du 46, puis le rétrécir jusqu'à la graduation 43 indiquée aux graduations impaires, nous obtenons un rétrécissement de 1 centimètre.

Si la mesure n'indiquait que 2 centimètres de renversé nous ne rétrécirions le dos qu'à la mesure du 44.

Si la mesure indiquait que 1 centimètre de tenue renversée, nous rétrécirions le dos à la mesure du 45.

Petit côté. — Desserrer le bouton L et rentrer la partie du suçon d'omoplate de 3 graduations indiquées par des pointillés.

Pour la tenue renversée de 1 centimètre rentrer d'une graduation ; pour la tenue renversée de 2 centimètres rentrer de 2 graduations.

Pour la tenue voûtée opérer contrairement c'est-à-dire sortir les graduations.

Desserrer le bouton M qui est l'onglet et remonter la partie d'emmanchure de 3 graduations.

Pour les autres opérations faire comme au normal.

Devant. — Mettre le patron à la mesure du 46 normal.

Desserrer le bouton V et sortir la patte intérieure de 3 graduations pour obtenir le bombé de poitrine et continuer la ligne qui doit se relier à la ligne du devant environ à 15 centimètres du bas.

Desserrer le bouton U qui est l'onglet et sortir la patte d'épaulette de 3 graduations qui sont nécessaires pour le renversé afin de conserver la même grandeur d'emmanchure. Desserrer le bouton Y puis sortir la patte d'allongement de 1 centimètre et demi, le devant s'allongeant de un demi-centimètre à chaque centimètre de renversement.

Voir pour le 46 de poitrine tenue renversée de 3 centimètres.

TRACÉ DU CORSAGE DU 58 DE POITRINE ET 60 DE CEINTURE

Tenue voûtée de 2 centimètres

Mesures prises sur le gilet :

Demi-grosseur de poitrine.	58
Demi-grosseur de ceinture.	60
Demi-largeur de carrure.	22,9
Demi-largeur de poitrine.	23,6
Longueur de taille.	50

Mesures de l'appareil :

Demi-grosseur de poitrine.	64
Demi-grosseur de ceinture.	66
Demi-largeur de carrure.	23,9
Demi-largeur de poitrine.	24,6
Longueur de taille.	50

Dos. — Mettre le dos à la mesure de 58 puis l'élargir jusqu'à la graduation 60.

Desserrer le bouton D et remonter la pièce de 2 graduations indiquées à l'encolure.

La longueur de taille est indiquée dans le bas du dos.

Petit côté. — Desserrer le bouton L qui est l'onglet et sortir la partie du suçon d'omoplate de 2 graduations.

Desserrer le bouton M et baisser la partie d'emmanchure de 2 graduations indiquées par des pointillés.

Desserrer le bouton I pour allonger la pièce J de 5 centimètres pour obtenir les 50 centimètres de longueur de taille.

Pour les autres opérations faire comme au normal.

Devant. — Mettre l'appareil à la mesure du 58 normal, puis desserrer le bouton V et rentrer la patte intérieure de 2 graduations pour obtenir la poitrine plane.

Baisser l'épaulette en faisant un trait à la 2ᵉ graduation de la pièce V ou remplacer l'excédent par de la ouate. Desserrer le bouton Y pour sortir la patte d'allongement qui devrait sortir de 4 centimètres suivant la mesure, mais comme l'homme est voûté nous n'appliquerons que 3 centimètres d'allongement, le devant se raccourcissant de 1 centimètre.

Application de l'augmentation de la Ceinture

A chaque centimètre d'augmentation à la ceinture il suffira de sortir 7 millimètres et demi au devant en desserrant le bouton W pour sortir la patte intérieure, puis porter le reste, c'est-à-dire 2 millimètres et demi sur le côté du devant ; opérer de la même manière jusqu'à ce que la ceinture soit égale à la poitrine.

REMARQUE. — La partie W d'élargissement se trouve graduée par centimètre. Les 4 premiers centimètres indiqués sur cette patte ne donnent chacun qu'une augmentation de 7 millimètres et demi sur le devant, les 2 millimètres et demi de supplément nécessaire pour obtenir le centimètre d'augmentation à la ceinture sont appliqués sur le côté du devant au moyen de la pièce Q qui se trouve graduée pour l'augmentation des 4 premiers centimètres.

Limite qui ne pourra jamais être dépassée quand la grosseur de ceinture sera supérieure à la grosseur de poitrine, car nous porterons le reste de la mesure sur le devant.

1er Exemple : 58 de poitrine et 58 de ceinture, nous sortirons de 4 graduations au côté et de 1 centimètres au devant.

2e Exemple : 58 de poitrine et 60 de ceinture, nous sortirons les 4 graduations au côté c'est-à-dire 1 centimètre, puis le reste c'est-à-dire 5 centimètres se portera sur le devant.

Pour rétrécir, opérer contraire à l'élargissement de ceinture c'est-à-dire qu'à chaque centimètre de moins à la ceinture nous diminuerons de 7 millimètres et demi au devant et de 2 millimètres et demi au côté.

Élargissement à la ceinture. — Desserrer le bouton W et de l'onglet élargir la ceinture de 5 centimètres au devant puis élargir le côté du devant d'un centimètre à la pièce Q c'est-à-dire des 4 gradua-tions indiquées en venant à rien à la partie de l'emmanchure par une ligne droite que le coupeur doit tracer lui-même nous aurons de la sorte 66 à la ceinture, mesure qui est nécessaire pour le 60 de ceinture coutures comprises.

VESTON & PARDESSUS

L'appareil du veston pardessus se compose de 2 pièces :

Le dos et le devant.

Il représente avant son agrandissement le patron du 40 normal, coutures comprises.

Manière d'obtenir l'agrandissement de ces Patrons

Dos. — Pour agrandir le dos il suffit de desserrer les boutons A et B et du bouton C qui est l'onglet faire l'élargissement, ensuite resserrer les deux boutons. L'élargissement d'encolure s'obtient en même temps que celui de la carrure, la pièce D du haut sert à obtenir le voûté et le renversé. Desserrer le bouton C pour augmenter ou diminuer la partie d'emmanchure. La longueur de la taille est indiquée par graduations.

Les mesures sont indiquées par graduations du 40 au 60 de poitrine, chaque graduation donne 2 centimètres d'augmentation à la poitrine.

Les points marqués entre chaque graduation indiquent les grosseurs impaires.

Devant. — Pour l'agrandissement, opérer de la manière suivante.

Élargissement de poitrine et d'encolure. — Desserrer les boutons E et F et se servir de l'onglet G pour entraîner la pièce d'élargissement qui est graduée du 40 au 60, s'assurer si la partie d'encolure est bien à la mesure du devant, puis resserrer les 2 boutons.

Partie d'emmanchure. — Desserrer le bouton H qui sert d'onglet pour agrandir l'emmanchure en découvrant les mesures indiquées par graduation du 40 au 60.

Rehaussement d'épaule. — Pour rehausser l'épaule, desserrer le bouton L qui sert d'onglet puis sortir la patte intérieure qui est graduée de 3 centimètres.

Desserrer le bouton M qui est l'onglet pour rétrécir ou élargir la poitrine au moyen de la patte intérieure qui est graduée.

Desserrer le bouton N pour sortir la pièce d'élargissement à la ceinture au moyen de l'onglet.

Longueur de taille. — Desserrer le bouton K qui est l'onglet puis descendre ou remonter d'après la mesure prise aux graduations indiquant la taille de 45 à 52.

REMARQUE. — Le bouton I doit être serré pour le normal afin d'éviter le pivotement qui se produirait en agrandissant l'emmanchure. Contrairement le bouton J ne doit pas être serré pour l'emmanchure du normal, car l'élargissement ne pourrait se produire. La partie droite de la pièce J qui est de niveau avec la pièce I doit toujours se trouver, pour la tenue normale, contre la ligne pointillée de la pièce de fond. Cette ligne pointillée est indiquée par les lettres N.

TRACÉ DU VESTON DU 50 NORMAL

Mesures prises sur le gilet :

Demi-grosseur de poitrine	50
Demi-grosseur de ceinture	46
Longueur de taille	48
Demi-largeur de carrure	19,3
Demi-largeur de poitrine	21
Bassin	52
Hauteur d'épaule	38,5
Profondeur d'emmanchure	31,5

Mesures données par l'appareil :

Demi-grosseur de poitrine	56
Demi-grosseur de ceinture	52
Longueur de taille	48
Demi-largeur de carrure	20,3
Demi-largeur de poitrine	22
Demi-largeur de bassin	58
Hauteur d'épaule	39,5
Profondeur d'emmanchure	32,5

MANIÈRE D'OPÉRER

Agrandissement du dos. — Desserrer les boutons A et B et du bouton C élargir le dos jusqu'à la graduation 50 puis resserrer les boutons.

Desserrer le bouton C qui est l'onglet puis descendre la pièce jusqu'à la graduation 50.

Mettre la taille à la mesure indiquée.

Devant. — Desserrer les boutons E et F et de l'onglet Q, élargir le devant jusqu'à la graduation 50 en s'assurant si la pièce d'encolure est bien à la mesure du devant puis resserrer les boutons.

L'emmanchure. — Desserrer le bouton H qui est l'onglet puis descendre l'emmanchure jusqu'à la graduation 50 puis resserrer le bouton.

Desserrer le bouton K pour mettre la pièce K à la mesure du 48 de taille.

Voici pour le normal.

Nous devrons opérer de cette manière pour toutes les grosseurs normales que nous donne l'appareil.

TRACÉ DU 56 DE POITRINE ET 58 DE CEINTURE

Tenue voûtée de 3 centimètres

Mesures prises sur le gilet :

Demi-grosseur de poitrine 56
Demi-grosseur de ceinture. 58
Demi-largeur de carrure. 22,5
Demi-largeur de poitrine. 22,5
Longueur de taille. 48
Demi-largeur de bassin. 58

Mesures, coutures comprises :

Demi-grosseur de poitrine. 62
Demi-grosseur de ceinture. 64
Demi-largeur de carrure. 23,5
Demi-largeur de poitrine 23,5
Longueur de taille 48
Demi-largeur de bassin. 64

Dos. — Mettre le dos à la mesure du 56 normal, puis l'élargir de 3 graduations en le portant à la mesure du 59.

Desserrer le bouton D puis remonter la pièce de 3 graduations.

Dans le bas de la pièce C des graduations indiquent les degrés de voûté et renversé.

Pour la tenue renversée remonter la pièce C ; pour la tenue voûtée, la descendre.

Chaque graduation indique un centimètre de voûté ou de renversé.

S'assurer que la pièce C est bien à 56, puis comme l'homme est voûté de 3 centimètres il suffit de desserrer le bouton C et de descendre la pièce C de 3 graduations.

Marquer la taille à 48.

Devant. — Mettre le devant à la mesure du 56 normal.

Manière d'obtenir l'emmanchure du voûté

S'assurer si la partie d'emmanchure est bien au 56, puis serrer le bouton J pour empêcher l'emmanchure de s'élargir.

Desserrer le bouton I pour obtenir le pivotement de l'épaulette de la manière suivante : desserrer le bouton H, puis remonter l'emmanchure de 3 graduations indiquées à côté des mesures d'emmanchure.

Nous avons par ce moyen un avancement d'épaulette de 2 centimètres la pointe de côté se trouvant rehaussée de 12 millimètres.

Nous ferons un trait à la pièce L pour baisser l'épaulette de 3 graduations.

Desserrer le bouton M pour rétrécir la poitrine de 3 graduations.

L'homme dont la ceinture sera égale à la poitrine sera considéré comme ventru de 1 centimètre.

Comme la mesure de ceinture est de 58 c'est donc 3 centimètres que nous devons élargir.

Donc nous desserrons le bouton N et de l'onglet nous sortons la patte intérieure de 3 centimètres.

Voici pour le 56 de poitrine tenue voûtée de 3 centimètres.

TRACÉ DU 48 DE POITRINE

Tenue renversée de 2 centimètres

Mesures prises sur le gilet :

Demi-grosseur de poitrine	48
Demi-grosseur de ceinture	44
Demi-largeur de carrure	19,8
Demi-largeur de poitrine	21,2
Longueur de taille	46
Demi-longueur de bassin	50

Dos. — Mettre le dos à la mesure du 48 normal, puis le rétrécir de 2 graduations c'est-à-dire le mettre au chiffre 46.

S'assurer que la pièce C est bien au chiffre 48 puis le remonter de 2 graduations indiquées dans le bas de la pièce.

Devant. — Mettre le devant à la mesure du 48 normal.

Serrer le bouton J.

Desserrer le bouton I.

Desserrer le bouton H et baisser l'emmanchure de 2 graduations; nous obtenons par ce moyen un renversement d'épaulette de 13 millimètres

Desserrer le bouton I, pour sortir la patte d'épaulette de 2 graduations.

Desserrer le bouton M et sortir la patte inférieure de 2 graduations pour obtenir le bombé de poitrine.

Desserrer le bouton K et mettre la taille à la mesure de 46.

PARDESSUS

Considérant le pardessus comme un grand veston et n'exigeant aucun changement sauf la longueur nous ferons le tracé avec le modèle du veston, puis arrivé aux longueurs définitives données par l'appareil nous appliquerons les longueurs exigées par la prise des mesures en continuant le tracé par des lignes droites.

LA MANCHE

Appareil N° 3

La manche avant son agrandissement représente la mesure du 40 de grosseur de poitrine, et 54 de longueur.

Manière d'obtenir l'agrandissement

Desserrer les boutons A et B, se servir du bouton A pour élargir la manche.

Les mesures sont indiquées par graduations du 40 au 60.

Desserrer le bouton C qui sert d'onglet et remonter cette pièce qui donne le rond nécessaire à l'agrandissement de la manche.

Desserrer le bouton D et, du bouton E qui sert d'onglet, allonger la manche qui est graduée de 54 à 64 de longueur.

Pour obtenir l'élargissement dans le bas de la manche, desserrer le bouton E qui sert d'onglet et élargir la manche qui est graduée de 12 à 18 centimètres, les mesures du coude étant indiquées, faire un trait à la mesure indiquant la longueur prise et continuer le tracé jusqu'au bas de la manche.

Manière d'obtenir la manche du 52 de poitrine et 62 de longueur de manche

Desserrer les boutons A et B et, du bouton A qui sert d'onglet, élargir la manche jusqu'à la graduation 52, puis serrer les boutons.

Desserrer le bouton C, puis remonter la pièce jusqu'à ce que vous obteniez le rond nécessaire dans le haut de la manche.

Desserrer le bouton D et du bouton E qui est l'onglet, allonger la manche jusqu'à la graduation 62, puis resserrer le bouton D.

Desserrer le bouton E qui est l'onglet pour élargir le bas de la manche, selon la mode ou le goût du coupeur.

Il ne reste plus qu'à faire un trait à la mesure du coude indiquant 62, et tracer la partie qui sépare le coude avec le bas de la manche.

Opérer de la même manière pour les manches de jaquette-redingote, veston et pardessus.

LA JUPE

APPAREIL N° 4

La jupe avant son agrandissement représente la mesure du 40 de poitrine normale et 36 de ceinture.

Pour établir la mesure de ceinture il nous faudrait supprimer la largeur du bas du dos, mais de ce fait, la jupe serait trop ajustée et gênante.

Devant lui donner un supplément de largeur pour obtenir l'aisance nécessaire que l'on appliquera par embu à l'endroit de la hanche, nous ajouterons donc la largeur du bas du dos plus 1 centimètre ce qui nous donne 37 centimètres pour la largeur de jupe.

L'appareil nous donnant 11 centimètres, nous aurons donc 4 centimètres pour le rempli du devant. Ajouter le rempli au derrière de la jupe qui ne possède aucun excédent.

Manière d'obtenir l'agrandissement

Desserrer le bouton A et du bouton B qui est l'onglet élargir la pièce qui découvre les graduations faites aux mesures d'élargissement du 40 au 60.

La ligne pointillée en dessous du bouton B indique la jupe normale.

Desserrer le bouton C et du bouton D qui est l'onglet, élargir la jupe en découvrant les graduations du 40 au 60, puis resserrer les boutons.

Manière d'opérer pour obtenir la jupe du 48 normal

Desserrer le bouton A et du bouton B qui est l'onglet élargir la pièce jusqu'à la graduation indiquant le 48 pour resserrer le bouton A.

Desserrer le bouton C et du bouton D qui est l'onglet élargir la pièce jusqu'à la graduation du 48, puis resserrer le bouton C, nous avons de la sorte obtenu la jupe du 48 normal de poitrine, c'est-à-dire du 44 de ceinture.

L'appareil à cette mesure nous donne 49 de largeur, donc 4 centimètres pour le rempli du devant ; reste ainsi 45 pour la jupe aisance comprise.

Faire ainsi pour toutes les mesures que donne l'appareil.

Pour le renversé desserrer le bouton B et sortir le bas de la jupe environ 1 centimètre à chaque centimètre de renversé, opérer contrairement pour le voûté.

Manière d'opérer pour la jupe de redingote

Mettre l'appareil à la mesure prise pour desserrer le bouton C et du bouton D, élargir la pièce d'environ 3 graduations ou 3 centimètres. Desserrer le bouton D et redresser la pièce D jusqu'à la ligne pointillée indiquant la jupe de redingote en nous servant des 4 centimètres du rempli de la jupe plus des 3 centimètres d'élargissement, ce qui nous fait 7 centimètres à fournir à l'anglaise.

Ensuite dans le haut du devant de la jupe à 7 centimètres environ du bord du devant, continuer la ligne d'assemblage de la jupe en remontant légèrement pour aboutir au bord du devant à environ 1 centimètre plus haut que la ligne de jupe de la jacquette.

Pour le tracé de la jupe de redingote, il n'existe plus d'excédent pour le rempli sur le devant, il nous faudra ajouter 4 centimètres en plus au tracé.

APPAREIL N° 1

Le Corsage avant son agrandissement
à la mesure du 40.

APPAREIL N° 1

Le Corsage après son agrandissement
à la mesure du 60.

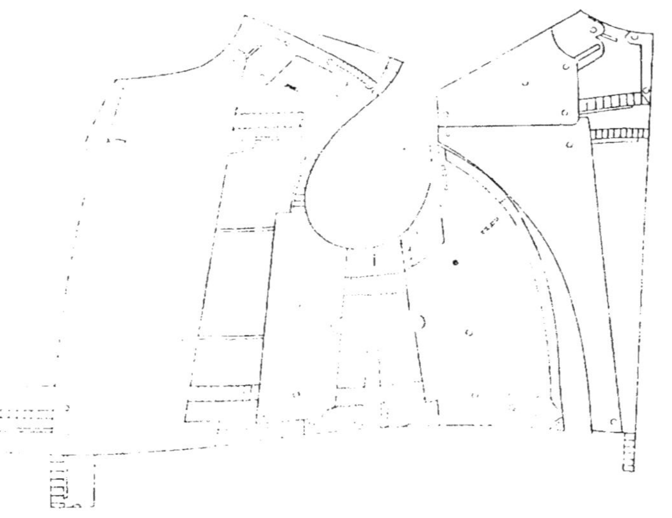

APPAREIL N° 2

Le Veston avant son agrandissement
à la mesure du 70.

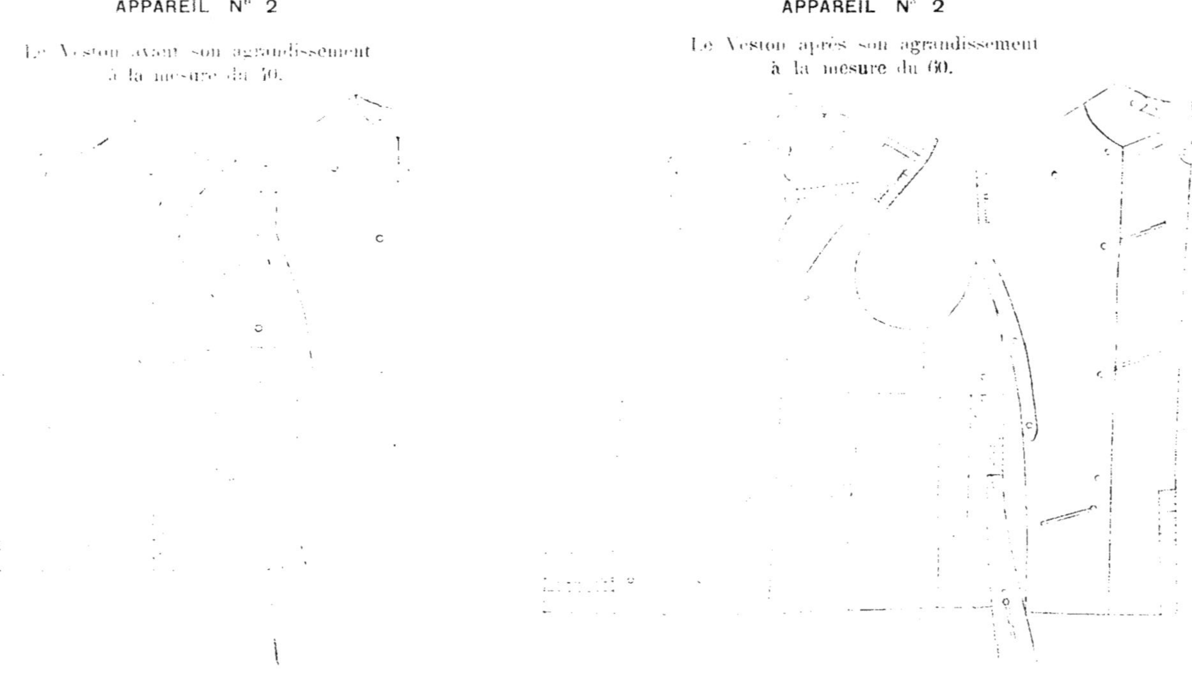

APPAREIL N° 2

Le Veston après son agrandissement
à la mesure du 60.

www.ingramcontent.com/pod-product-compliance
Lightning Source LLC
LaVergne TN
LVHW021913180726
843502LV00008B/3054